ORAISON FUNÈBRE

DE TRÈS HAUT,

TRÈS PUISSANT ET TRÈS EXCELLENT PRINCE

LOUIS XVIII,

ROI DE FRANCE ET DE NAVARRE.

ORAISON FUNÈBRE

DE TRÈS HAUT,

TRÈS PUISSANT ET TRÈS EXCELLENT PRINCE

LOUIS XVIII,

ROI DE FRANCE ET DE NAVARRE,

PRONONCÉE

DANS L'ÉGLISE CATHÉDRALE DE POITIERS

LE 27 SEPTEMBRE 1824,

PAR M. L'ABBÉ LAMBERT,

VICAIRE GÉNÉRAL ET SUPÉRIEUR DES MISSIONS DU DIOCÈSE.

A POITIERS,

à Chez François-Aimé Barbier, Libraire-Imprimeur du Roi
et de M.gr l'Évêque.

═══════════

SEPTEMBRE 1824.

ORAISON FUNÈBRE

DE TRÈS HAUT,

TRÈS PUISSANT ET TRÈS EXCELLENT PRINCE

LOUIS XVIII,

ROI DE FRANCE ET DE NAVARRE.

Fleverunt eum omnis populus.
Tout le peuple le pleura. *1 Mach.*, 9.

M~ESSEIGNEURS ET MESSIEURS~ (1),

L~A~ France est plongée dans le deuil et la tristesse. Princes, Pontifes, Magistrats, Guerriers, tous éprouvent le sentiment de la douleur. Les vœux ardens de tout un peuple n'ont point arrêté le glaive invisible de la mort suspendu sur la tête auguste du Père de la patrie. LOUIS vient de descendre dans la tombe. Dieu l'avoit choisi pour fermer l'abîme des révolutions, pour rendre à la Religion son antique splendeur. Cette mis-

---

(1) Mgr l'Evêque de Poitiers, Mgr l'ancien Évêque Comte de Gap et les Autorités du département.

3

sion glorieuse étoit remplie. Le Ciel le ravit à la terre pour couronner ses vertus. Pleurons : jamais un Prince ne fut plus digne de notre tendresse et de nos regrets.

Libres et heureux sous le sceptre paternel de notre Roi, nous ne pensions point à l'amour dont nous étions pénétrés pour lui. C'est auprès de son tombeau que nous en découvrons l'étendue : ce sont nos larmes qui nous révèlent les sentimens de nos cœurs. Telle est la nature de l'homme. Sans les ténèbres de la nuit, il oublieroit les bienfaits de la lumière : sans les ombres du trépas, il ignoreroit combien il aime un tendre père.

Depuis six lustres la France a vu plusieurs maîtres se disputer la puissance. Tous ont disparu, sans que ces chutes précipitées aient fait couler une seule larme. La même indifférence qui les avoit accueillis à leur naissance, les a suivis à la mort. Nos Princes inspirent des sentimens bien différens. Voyez la douleur profonde de tout un peuple à l'aspect du cercueil de son Roi. C'est l'essence de la légitimité. Les BOURBONS et les Français ne font qu'une famille.

Roi des Rois, vous qui possédez seul l'im-mortalité , soutenez mon âme abattue. Ne permettez pas que le deuil affoiblisse mon zèle. Organe de la douleur de la patrie, je le suis aussi de sa reconnoissance. Mais comment louer dignement le Prince que nous pleurons? Jamais règne ne fut marqué par de plus grandes circonstances, et jamais LOUIS ne fut au-dessous d'elles. Au milieu des merveilles de ce règne étonnant, bornons-nous à deux pensées : LOUIS a sauvé la Monarchie; LOUIS a protégé la Religion de ses pères. Tel est l'hommage funèbre que nous allons rendre à TRÈS HAUT, TRÈS PUISSANT, TRÈS EXCELLENT PRINCE LOUIS XVIII, ROI DE FRANCE DE NAVARRE. Si notre foiblesse nous inspire un juste effroi, du moins nous n'avons pas à craindre qu'on dise de nous que la flatterie est venue se traîner à la suite des funérailles de notre Roi.

Quand l'orgueil humain foule aux pieds tous les principes, outrage toutes les vertus, s'élève contre Dieu même , la vengeance divine est terrible. Le Seigneur dit alors : Mon esprit ne résidera plus dans l'homme ; je l'abandonne à ses propres ténèbres. *Non permanebit spiritus meus in homine.* Dieu se retire, et l'anarchie s'avance triomphante au milieu des nations : devant elle marche la mort, et l'enfer est à sa suite ; en sa présence, les autels tombent, les trônes s'écroulent, les générations disparoissent, et les morts eux-mêmes ne trouvent pas un asile assuré au fond des tombeaux. Nous avons vu ces jours de troubles et de discordes. Combien d'astres brillans souffrirent des éclipses ! Combien de sujets fidèles furent entraînés par le torrent des partis ! Hélas ! le pilote surpris par l'orage, quitte souvent la route qu'il vouloit tenir, et s'abandonne au gré des vents.

Où étoit alors le Prince qui est l'objet de nos regrets ? Il étoit où l'appeloient son nom et sa naissance ; il étoit dans les armées de l'illustre défenseur du trône de nos Rois. Sa présence ranime l'ardeur de ces nobles guerriers, qui n'avoient quitté la France que pour l'arracher au joug de ses tyrans. Inutiles efforts ! le jour de la puissance des ténèbres n'étoit pas encore écoulé. Il falloit que le meilleur des Rois cueillît la palme du martyre ; il falloit prouver au monde que les Prêtres et les Pontifes savent mourir pour la défense de la foi ; il falloit laisser régner l'impiété pour l'instruction de tous les siècles. LOUIS adore en silence les décrets de l'Eternel. Plus touché des maux de sa patrie que de ses propres disgrâces, il hâte, par ses vœux et ses soupirs, le moment de son bonheur. Dans son exil, il console ses sujets fidèles et malheureux ; dans son exil, il réclame la pitié d'un Souverain magnanime en faveur des Français échappés aux glaces de la Russie. LOUIS est errant et fugitif ; il ne reçoit partout qu'une hospitalité timide ; mais il repousse, avec dédain, des promesses qui le déshonorent. Un BOURBON peut perdre une couronne ; jamais on ne peut lui ravir l'honneur.

Enfin Dieu dit à l'esprit exterminateur : C'est assez de sang et de larmes : *Sufficit.* La terre se repose et trassaille de joie : *Conquievit, et gavisa est.* Les anges de paix volent au delà de l'océan, et ramènent ce bon Roi, qui ne paroît au milieu de nous que pour pardonner. Quel concours ! Quel empressement ! Quelles acclamations autour de notre nouveau Maître ! Rappelez-vous avec quel enthousiasme unanime nous lui donnâmes le nom le plus glorieux pour un Prince, le nom de LOUIS LE DÉSIRÉ. Ce n'est point le suffrage pompeux des cités qui lui décerna ce beau nom : c'est la voix libre de la Nation toute entière. O tendresse immortelle des Français pour leurs Rois, quand une froide et fausse sagesse n'a pas glacé leurs cœurs ! LOUIS, dans ce touchant triomphe, n'oublie pas le Dieu qui brise et redresse les sceptres. Ses premiers pas sur le sol de la patrie le conduisent aux pieds des Autels. Il appelle tous ses sujets dans nos Temples, pour y chanter le cantique solennel de la reconnoissance.

Mais que de maux à réparer ! Partout on n'aperçoit que des ruines. La France offre l'image du chaos qui régnoit dans la nature avant la formation de la lumière. Il faut d'abord nous réconcilier avec l'Europe justement courroucée. Des guerres longues et sanglantes ont porté la désolation et la mort dans les contrées les plus éloignées. Les Rois chassés de leurs états ont vu des hommes obscurs souiller les trônes, que les siècles et leurs vertus avoient environnés de tant d'éclat. Qui pourra calmer des ressentimens si légitimes? LOUIS XVIII. Sa sagesse, sa fermeté, sa fidélité à garder les traités, la gloire de son nom, l'empire de ses vertus font de tous les Rois nos alliés les plus fidèles. C'est à lui que nous devons le rang élevé que nous occupons parmi les nations. Aujourd'hui la France préside à tous les mouvemens de l'Europe. Les Princes, dans les congrès, déposent leurs intérêts les plus chers au pied de ce même trône, dont ils avoient conjuré la ruine.

Ce n'est pas tout encore. La France renfermoit dans son sein deux peuples opposés : l'un nourri dans les antiques traditions de nos pères ; l'autre élevé dans les nouveaux systèmes que les passions avoient fait éclore ; le premier qui avoit sacrifié sa fortune et sa vie pour la défense de son Roi ; le second qui avoit amassé des richesses dans le cours de nos discordes civiles ; celui - ci

qui croyoit avoir des droits à toutes les di-
gnités, à tous les emplois; celui - là qui les
possédoit et qui vouloit les conserver. La
sagesse des institutions que LOUIS nous a
données; sa patience, qui attend du temps
ce que la violence ne pourroit pas obtenir;
sa clémence, qui oublie les erreurs passées,
quand le présent semble annoncer le repen-
tir; son amour universel pour tous ses sujets,
ont triomphé de tous les obstacles, et fait
de tous les Français des amis et des frères.
Le calme ne remplace pas tout à coup la
tempête : le jour ne succède pas dans un
instant à la nuit. Reprocherez-vous à votre
Roi d'avoir suivi l'ordre établi dans la nature ? Le Roi fut trop clément, direz-vous
peut-être. Ah ! ce n'est pas à nous Ministres
de douceur à censurer un excès de bonté.
O France, puisse-tu n'avoir jamais d'autres
excès à craindre de la part de tes Maîtres !

Mais quel événement funeste vient trou-
bler la paix de la France! L'anarchie vaincue
dans l'Italie exerce ses ravages sur une nation voisine et généreuse. LOUIS se voit
forcé de prendre les armes et d'acquérir un

nouveau genre de gloire. S'il ne répugnoit pas à notre ministère de célébrer les combats, que d'exploits glorieux nous aurions à vous raconter ? Le courage du Dauphin, la bravoure de nos soldats, la rapidité de nos victoires, la reconnoissance d'un Roi captif qui voit tomber ses fers, les bénédictions d'un peuple délivré de ses ennemis, présentent à l'esprit des tableaux riches et touchans. LOUIS n'est point ébloui par tant de succès, « C'est Dieu qui a tout fait, s'é- » crie-t-il ». Ces paroles sont le plus bel hymne en l'honneur du dogme sacré de la Providence.

Le règne de LOUIS s'agrandiroit encore, si nous parlions des autres bienfaits qu'il a répandus sur la France. Il protégea les sciences, qu'il avoit cultivées dès son enfance; il réforma l'instruction publique, d'où dépend l'avenir des états; il encouragea les arts, qui sont l'ornement des empires. L'agriculture, le commerce, sources fécondes de la prospérité publique, étoient souvent le sujet de ses méditations profondes. Enfin la France épuisée, écrasée par les guerres et tous les genres de calamités, respire : elle est sortie de sa longue et douloureuse infirmité : elle est la nation la plus heureuse de l'univers. Mais élevons-nous à de plus hauts objets.

La Religion est le plus ferme appui des empires. C'est elle qui apprend aux Souverains que leur puissance vient de Dieu, et qu'ils doivent être ses images par leurs bienfaits ; c'est elle qui érige un trône aux Monarques au fond des consciences de leurs sujets, et qui ennoblit leur obéissance. La Religion est la consolation du pauvre et l'espérance du riche, l'égide des peuples et le frein des Rois. Convaincu de cette importante vérité, LOUIS a fait de grandes choses pour elle, et en méditoit de plus grandes encore. Il a rétabli le concert interrompu entre les deux autorités qui gouvernent le monde : il a donné de vertueux Pontifes aux Églises veuves depuis tant d'années : il a proportionné le nombre des premiers Pasteurs aux besoins des troupeaux : il a multiplié ces écoles précieuses, où les élèves du sanctuaire sont formés à la science et à la vertu. LOUIS avoit reçu du Ciel une âme naturellement chrétienne. Parmi les scandales de l'impiété, quel respect inviolable il conserva toujours pour les objets vénérables de la foi! Dans les cérémonies saintes, quel exemple il donnoit à la cour et à son peuple! Chaque jour il assistoit au sacrifice de nos Autels ; souvent il purifioit sa conscience dans les eaux salutaires de la pénitence; dans nos solennités, il recevoit le pain sacré qui fait les élus ; toujours il fut, par la sincérité de sa foi comme par la prérogative de sa couronne, le Roi très-chrétien : chose admirable ! depuis le Monarque, qui courba le premier sa tête victorieuse sous le joug de Jésus-Christ, jusqu'à celui qui vient de monter sur le trône, la foi s'est conservée, sans interruption, dans le cœur de nos Rois.

Nous désirions tous que la vie du Roi fût aussi longue qu'elle avoit été remplie de gloire et de sagesse; mais des symptômes effrayans annoncent l'approche du trépas. Ne craignez point que la terreur vienne abattre son âme; non, Français, non, votre Roi ne dérogera point au courage de sa race auguste. Sur les champs de bataille, sur les

échafauds, sur des lits de douleurs, les Bourbons ne meurent point comme les foibles
ont coutume de mourir. Quel calme pro-
fond ! quelle entière résignation à la volonté
divine ! quelle piété tendre ! quel généreux
mépris des grandeurs et de la vie ! LOUIS
fait au Ministre de Dieu l'humble aveu des
fautes échappées à la fragilité humaine ; il
reçoit dans le sacrement de l'amour le gage
de l'immortalité ; il présente aux saintes onc-
tions ses membres languissans ; il unit sa
voix mourante à celle de l'Eglise. Les larmes, les soupirs, les sanglots, rien ne
troublera la paix dont il est inondé. Il
bénit sa famille d'une main défaillante,
mais avec un front serein ; il rappelle au Ministre sacré les paroles des livres saints, que
a douleur lui fait oublier. On récite, en silence, cette prière redoutable, qui annonce
la fin du temps et le commencement de l'éter-
nité. Il le remarque, et s'écrie : « Je n'ai pas
» peur de la mort ; il n'y a qu'un mauvais
» roi qui ne sache pas mourir ». Oui, si la
vie de LOUIS est admirable devant les hommes, sa mort fut précieuse aux yeux du

Seigneur. *Pretiosa in conspectu Domini mors sanctorum ejus.*

LOUIS XVIII n'est donc plus ! Quelle pensée lugubre ! quel souvenir cruel ! Mais à travers les ombres qui nous entourent, une douce lumière se découvre à nos yeux. CHARLES X est l'héritier de la couronne de son illustre Frère et l'héritier de ses vertus. Il prépare à la France un heureux avenir. Ah ! puisse le Trône, où tant de Monarques ont rencontré des tempêtes, être pour lui un lieu de repos ! Juge suprême des vivans et des morts, nous vous adressons pour LOUIS le cantique funèbre d'Israël aux obsèques de David : Seigneur, souvenez-vous de notre Roi, de sa foi, de sa piété, surtout de sa clémence : *Memento, Domine, David, et omnis mansuetudinis ejus.* S'il se trouve quelque tache dans une vie si belle, souvenez-vous de son amour pour son peuple, de cette bonté qui pardonna de si sanglans outrages : *Memento, Domine, David, et omnis mansuetudinis ejus.* Accordez le repos éternel à cette grande âme, qui essuya tant de larmes, qui répara tant de malheurs, qui passa sur la terre en faisant des heureux : *Memento, Domine, David, et omnis mansuetudinis ejus.*

Pontife vénérable, montez à l'Autel, offrez pour **LOUIS** la Victime sainte : elle lui obtiendra ce bonheur qui ne se perd pas dans le tombeau des générations, mais qui s'élève jusqu'aux siècles des siècles, et que je vous souhaite.

Amen.